КЛАСС!ное ч

Юлия Лавряшина

МАСКА МАКСА

Детективный рассказ

Книга для чтения с заданиями
для изучающих русский язык как иностранный

МОСКВА
2021

УДК 811.161.1
ББК 81.2Рус-96
Л31

Адаптация текста, комментарий: *Еремина Н.А.*
Задания: *Вертягина А.А.*

Л31 **Лавряшина, Юлия**
Маска Макса. Детективный рассказ: Книга для чтения с заданиями / Юлия Лавряшина. — М.: Русский язык. Курсы, 2021. — 64 с. — (Серия «КЛАСС!ное чтение»).

ISBN 978-5-88337-937-5

В книге представлен рассказ «Маска Макса» современной писательницы Юлии Лавряшиной.

Это детективная история о мальчике, фантазия которого творит чудеса. Поэтому именно он однажды становится свидетелем преступления. И находит волшебную маску…

Где правда, а где лишь игра воображения? Ты узнаешь это вместе с героем рассказа.

Текст рассказа адаптирован (А2), сопровождается комментарием, заданиями на понимание прочитанного и на развитие речи. В книге приводятся наиболее интересные факты из жизни Юлии Лавряшиной.

Учебное издание
Лавряшина Юлия

МАСКА МАКСА
Детективный рассказ

Книга для чтения с заданиями
для изучающих русский язык как иностранный

12+

Редактор *Н.А. Еремина*
Корректор *О.Ч. Кохановская*   Вёрстка *А.В. Лучанская*
В оформлении обложки использован рисунок Т.А. Ляхович

Подписано в печать 31.03.2021. Формат 60×90/16
Объём 4 п.л. Тираж 300 экз. Зак. 1854

Издательство ООО "Русский язык". Курсы
125047, г. Москва, Новая Басманная ул., д. 19, стр. 2
Тел./факс: +7(499) 251-08-45, тел.: +7(499) 250-48-68
E-mail: russky_yazyk@mail.ru; ruskursy@gmail.com; rkursy@gmail.com;
Сайт издательства: www.rus-lang.ru

Отпечатано в типографии ООО "ПКФ "Союз-пресс"
150062, г. Ярославль, пр-д Доброхотова, 16-158. Тел.: (4852) 58-76-33, 58-76-39

ISBN 978-5-88337-937-5   © Издательство «Русский язык». Курсы, адаптация текста, комментарий, задания, оформление, 2021

Содержание

Предисловие 4
Юлия Лавряшина 5
Маска Макса 11
Комментарий 47
Задания 51

Предисловие

Эта книга включена в серию «КЛАСС!ное чтение». В серию вошли произведения русских классиков, а также известных современных писателей. Тексты произведений адаптированы с расчётом на разные уровни обучения РКИ (А1, А2, В1, В2, С1).

В книге представлен рассказ «Маска Макса» современной писательницы Юлии Лавряшиной.

Это детективная история о мальчике, фантазия которого творит чудеса. Поэтому именно он однажды становится свидетелем преступления. И находит волшебную маску...

Где правда, а где лишь игра воображения? Ты узнаешь это вместе с героем рассказа.

В книге приводятся наиболее интересные факты из жизни Юлии Лавряшиной. Текст рассказа адаптирован (А2). Перед текстом помещён список слов, значение которых можно проверить в словаре (если они вам незнакомы). После произведения дан комментарий (в тексте обозначен *), а также предлагаются вопросы и тестовые задания на понимание прочитанного, на развитие речи и задания, помогающие повторить грамматические формы, актуальные для данного уровня обучения. Контрольная матрица дана в конце книги.

Издание адресовано детям соотечественников, проживающим за рубежом, детям-билингвам, а также учащимся национальных школ.

Эта книга будет полезна всем, кто хочет совершенствовать свой русский язык.

Юлия Лавряшина

Юлия Лавряшина родилась в сибирском городе Кемерово*.

Любовь к чтению у будущей писательницы в раннем возрасте воспитал отец — доктор технических наук, профессор Александр Борисович Логов и бабушка Зинаида Никифоровна Руднева. Именно бабушке она посвятила один из первых своих рассказов «Королевна».

Писать Юля начала в восемь лет. Первые стихи были написаны о любимом коте Мишке. Он стал действующим персонажем и в её фантастической повести для детей «Корабельный Мишка и Фата Моргана».

Животные появляются на страницах многих произведений Юлии Лавряшиной, в их семье всегда жили домашние питомцы — собаки, кошки и даже черепаха.

Героем нескольких весёлых увлекательных книг стал котёнок Алекс, которого «усыновила» семья Лавряшиных несколько лет назад. Забавный котёнок уже побывал на заколдованной планете — «Котёнок в космосе» и в далёком прошлом — «Котёнок и Сева с тополя». В ближайшее время выйдут и другие новые книги о его удивительных приключениях.

С такой же любовью относится Юлия Лавряшина и к собакам: одной из любимых школьниками сказок стала книга «Собачья жизнь Гриши и Васьки». Думаете, это история о мальчишках? А вот и нет! Васька — это девочка. Её настоящее имя — Василиса. Но активная девчонка любит играть с мальчишками, поэтому её все зовут Васькой.

В отличие от своей героини, Юлия в детстве была очень скромной. Училась она хорошо, но из всех школьных предметов любила только литературу. Ещё Юля занималась в музыкальной школе — осваивала игру на фортепьяно. Она никому не рассказывала, что пишет стихи и прозу. Училась писать она у авторов любимых детских книг — Вениамина Каверина*, Александры Бруштейн*, Виктора Драгунского*, Владислава Крапивина*. Главной из своих литературных наград она считает Международную детскую литературную премию имени В.П. Крапивина, полученную из рук любимого писателя. Юлия Лавряшина стала лауреатом этой премии за печальную повесть «Улитка в тарелке» о детях, которые никогда не станут взрослыми.

Первый рассказ Лавряшиной «Начало зимы» был опубликован в 1988 году. Сейчас прозаик, поэт, драматург, киносценарист Юлия Лавряшина — автор уже более чем 40 книг. В последние годы она больше стала писать для детей и подростков, в её книгах много юмора, невероятных приключений и фантазий. Юлия Лавряшина — член Союза писателей России с 1995 года.

У них с мужем трое детей, две дочери и сын, они часто становились прототипами литературных персонажей в её произведениях. Благодаря своим детям Юлия стала писать для ребят, хотя первые её книги были адресованы взрослым читателям.

Писательница работает с театрами. Первой пьесой, поставленной на сцене, стала философская сказка «Овечка по имени Свечка» — это сказка о любви и предательстве. В сотрудничестве с сыном Евгением, молодым композитором, написаны мюзиклы и песни.

С 2006 года семья Лавряшиных живёт в Подмосковье, книги Юлии печатаются в известных издательствах.

Она по-прежнему пишет и для взрослых — психологические остросюжетные романы. Но с особым удовольствием сочиняет необыкновенные истории для детей и подростков.

Если эти слова (в тексте они выделены) вам незнакомы, посмотрите их значение в словаре.

Алле́я

Берёза
бесстра́шный
блестя́щий
бое́ц

Ввали́ться
взорва́ться
внеза́пно
возмути́ться
вой
вонзи́ться
воркова́ние
восто́рг
впи́ться
вы́скочить
вы́следить, следи́ть

Ги́псовый
гро́хот

Доса́да
дразни́ть
ды́мка

Ерунда́

Же́ртва
жук
жу́ткий

Забо́р
зажму́риться
замета́ться, мета́ться
замира́ть, замере́ть
заподо́зрить
засты́ть
засуети́ться, суети́ться
захихи́кать, хихи́кать

Изба́виться
издева́тельский
испуга́ться
исчеза́ть

Кашта́н
кинжа́л
кова́рный
кривля́ться
кро́шечный
крыльцо́
кули́сы

Ли́па
ло́вкий

Ма́монт
маскирова́ться

минова́ть
му́ха
мысль

Навали́ться
награжда́ть
наказа́ть
нао́щупь
напряга́ться
натюрмо́рт
невероя́тный
не́нависть
нести́сь
неуклю́же

Обзыва́ть
оби́дно
обмя́кнуть
ора́ть
осени́ть
оско́лки
осыпа́ться
отряхну́ть
отча́янно

Па́ника
перепа́чканный
подно́жка
подстре́ленный
позо́р

полумра́к
попя́титься
порха́ть
поры́в
пот
презри́тельно
преступле́ние
пригоди́ться
прижа́ться
прикоснове́ние
примча́ться
притаи́ться
притворя́ться
прице́литься
прищу́риться
проворча́ть, ворча́ть
про́звище
прокра́сться
пронзи́тельный
прошипе́ть, шипе́ть
пря́таться
пу́таться
пуши́стый
пыта́ться

Разоблачи́ть
разочаро́ванный
ра́нец
рассле́дование

растопта́ть, топта́ть
рвану́ть
рискова́ть
ру́хнуть

Сверли́ть
сия́ние
ско́льзкий
ско́мкать
скриви́ться
снаря́д
соо́бщник
сосна́
сочу́вствие
спеши́ть
спо́рить
стара́ться
стелла́ж
стесня́ться
стра́нный
стру́жка
сты́дно

Та́йный
тарака́н
торча́ть
тоскли́во
труп
трус
трясти́сь

Уга́дывать
ужа́лить, жа́лить
ужасну́ться
ули́ка
умоля́ть
ухмыля́ться

Фа́нтик

(На) **ц**ы́почках

Чехо́л
чугу́нный
чу́до
чудо́вищный

Шака́л
шта́нга
шу́стрый

Щекота́ть
щёлкнуть
щипа́ться

Ма́ска Ма́кса

Е́сли бы Макс был худы́м, как его́ па́па, жизнь скла́дывалась бы про́сто прекра́сно!

Тогда́ *ли́пы* золоти́лись бы ещё *я́*рче на со́лнце, когда́ он бежа́л по шко́льной *алле́е*… А не́бо бы́ло бы си́нее-си́нее, а не так, как сейча́с — по-осе́ннему, в *ды́мке*. И хоте́лось бы Ма́ксу разбежа́ться, раски́нуть ру́ки и взлете́ть в э́ту *пронзи́тельную* синеву́, что́бы уви́деть не то́лько их ма́ленький го́род, а сра́зу — весь мир!

Но, гла́вное, е́сли бы Макс был худы́м, все, коне́чно же, захоте́ли бы дружи́ть с ним. Мо́жет быть, да́же Ли́ля, кото́рая сиди́т на пе́рвой па́рте… Её посади́ли впереди́ не из-за плохо́го зре́ния, очко́в она́ не но́сит. И э́то здо́рово! Бы́ло бы жа́лко, е́сли бы таки́е глаза́ пря́тались за то́лстыми ли́нзами… Глаза́ у Ли́ли зелёные и больши́е, как весе́нние листо́чки, кото́рые ещё не совсе́м просо́хли по́сле дождя́, поэ́тому взгляд всегда́ тако́й *блестя́щий*. Ка́ждый раз, когда́ Макс встреча́л э́тот взгляд, он про́сто замира́л — то ли от *восто́рга*, то ли от стра́ха…

И Ли́ля, наве́рное, всё замеча́ла, ведь зре́ние у неё отли́чное, совсе́м не из-за этого её посадили на первую парту. Просто она самая маленькая, и за спинами одноклассников ей не видно было бы учительницу и классную доску. Как учиться, если сидишь, словно за *забором*?

На уроках Максу была видна только узкая Лилина спина, на которой красовалась светлая коса. Сам он уже четвёртый год занимал последнюю парту, ведь его спина загородит доску любому.

И ничего с этим Макс поделать не мог, никак ему не удавалось похудеть. Правда, он не так и *старался*... Папа предлагал летом бегать по утрам, но сам убегал на работу ещё до того, как Макс просыпался. И мама с ним вместе, ведь они оба работают в Москве, добираться почти час. А одному совсем не хотелось выбегать из дома, чтобы *трястись* по дорожкам парка...

Не бабушку же брать с собой на пробежку! А дед вечно в командировках. Он — отличный инженер, и его часто приглашают на разные стройки... Хотя бабушка, может, и не отказалась бы побегать с Максом, только он сам на это ни за что не согласился бы — *позор* же! Яшка со смеху лопнул* бы, если бы увидел...

Макс я́сно предста́вил, как, задыха́ясь, тяжело́ бежи́т по доро́жке ме́жду *берёз*. На спине́ ма́йка уже́ намо́кла, в глаза́ со лба стека́ют и *щи́плются* солёные ка́пли *по́та*... А се́рдце стучи́т так, что в уша́х шуми́т... И спра́ва под рёбрами ко́лет. Вот кака́я ра́дость от э́тих пробе́жек? Ра́зве что полюбова́ться, как берёзы ло́вят друг дру́га ветвя́ми... Послу́шать, до чего́ зво́нко пою́т пти́цы, кото́рых и не разгляди́шь в листве́...

— Мака́ров! Ты сейча́с с на́ми и́ли где?

Макс да́же подскочи́л. Мака́ров — э́то же он. Поэ́тому его́ прозва́ли Ма́мой: МА́кс МАка́ров — МАМА. А ча́ще зову́т Ма́мочкой... Почему́-то звучи́т э́то *издева́тельски* и *оби́дно*, хотя́ свою́ ма́му он, наприме́р, о́чень лю́бит.

— Ма́мочка усну́ла, — прошепта́л кто́-то сза́ди и *захихи́кал*.

— Объе́лась на переме́нке...

— Да нет! У Ма́мочки ещё вон Сни́керс *торчи́т*!

И опя́ть от хихи́канья ре́жет у́ши...

Макс заме́тил, что в боково́м карма́шке *ра́нца* сквозь се́точку просве́чивает шокола́дный бато́нчик. Э́то ба́бушка подсу́нула:

«Подкрепи́ться!» Он посмотре́л в другу́ю сто́рону: Ли́ля слы́шала? Коне́чно, слы́шала, у неё же не то́лько зре́ние хоро́шее, но и слух — она́ лу́чше всех в кла́ссе поёт. Да́же на шко́льных пра́здниках выступа́ет пе́ред всей шко́лой. *Бесстра́шная* така́я!

А Макс на сце́ну да́же не поднима́лся ни ра́зу. Что ему́ там де́лать? Гра́мотами* его́ не *награжда́ют*, в конце́ртных номера́х и спекта́клях он не уча́ствует. Колобка́* игра́ть, что ли?

— Прошу́ к доске́, Мака́ров!

Светла́на Филимо́новна так и *сверли́ла* его́ взгля́дом. Как бу́дто, кро́ме Ма́кса, никого́ в кла́ссе нет! Ещё три́дцать оди́н челове́к сиди́т, а она́ и́менно его́ вы́звала.

В животе́ сра́зу ста́ло хо́лодно и *тоскли́во*, хотя́ голо́дным он не́ был. Но вы́йти к доске́ на глаза́х у всего́ кла́сса — э́то же как на эшафо́т* подня́ться! С ка́ждой па́рты бу́дут на него́ смотре́ть, пока́ он с конца́ кла́сса дойдёт до доски́. Не про́сто смотре́ть, а *ухмыля́ться*...

Глаза́ Ма́кса так и забе́гали по сторона́м: хоть бы в одно́м взгля́де найти́ *сочу́вствие*. В Ли́лину сто́рону Макс да́же погляде́ть боя́лся, вдруг и она́ ухмыля́ется? На остальны́х-то плева́ть, а вот она́...

— Скоре́е, Мака́ров!

Он заторопи́лся, *засуети́лся*... И вдруг упа́л. Макс вскри́кнул и прикры́л го́лову рука́ми. И тут он услы́шал гро́мкий смех.

«Я упа́л?! — ужасну́лся Макс. — И все э́то ви́дели!»

От бо́ли в коле́нях и локтя́х он так и *скриви́лся*, но не запла́кал — Ли́ля же здесь... Ви́дела, как то́лстый Макс *ру́хнул* в прохо́де, то́чно *подстре́ленный ма́монт*! На со́бственный шнуро́к наступи́л, позо́р како́й...

Макс *неуклю́же* подня́лся с коле́н и вдруг посмотре́л пря́мо Ли́ле в глаза́. Ведь не хоте́л же! Ни за что... И как э́то получи́лось?

Се́рдце его́ ра́достно заби́лось: она́ не смея́лась. В её зелёных глаза́х чита́лось совсе́м друго́е... Макс не по́нял то́чно — жа́лость? Сочу́вствие? Это ведь бли́зкие чу́вства, но всё же отлича́ются, и в э́том *кро́шечном* отли́чии скры́то о́чень мно́гое. Макс лишь *уга́дывал* э́то, но ему́ не хоте́лось, что́бы Ли́ля жале́ла его́. А вот от сочу́вствия тако́й де́вочки он не отказа́лся бы. Ра́зве оно́ не зна́чит, что она́ чу́вствует то же, что и он?

Но тут же Макс по́нял, что не так уж э́то и хорошо́... Ведь получа́ется, Ли́ле сейча́с так же, как и ему́, сты́дно за то, что он тако́й неуклюжий, толстый и на его лбу вечно проступают капли пота.

Он поспешно вытер лоб рукавом и постарался больше не смотреть на Лилю.

— Ну что такое с тобой, Макаров? — в голосе учительницы слышалась *досада*. — Ноги не держат?

— Живот перевешивает! — крикнул кто-то сзади, но Макс не понял — кто, очень шумело в ушах.

Макс не ответил ни Светлане Филимоновне, ни крику, который *вонзился* в спину, точно *кинжал*, он вышел из класса.

***

В коридоре никого не было. Макс *на цыпочках прокрался* к выходу на лестницу и побежал на четвёртый этаж. Ну, не то чтобы побежал... Но постарался подняться побыстрее.

Странно было, что Светлана Филимоновна не *выскочила* за ним, не велела «немедленно вернуться в класс!». Как будто легко смирилась с тем, что Макс ушёл с урока. Что это с ней?

На верхнем этаже школы было тихо и пусто. У его класса здесь проводились уроки рисова́ния, но сего́дня э́того предме́та не́ было в расписа́нии.

Макс слы́шал свои́ шаги́, и от э́того ему́ показа́лось, что он *внеза́пно* попа́л в друго́й мир, где существова́ла ина́я, неви́димая ему́ фо́рма жи́зни. Или во́все не́ было никако́й?

Бе́лые две́ри кабине́тов бы́ли закры́ты, и то́лько одна́ откры́та. Как раз в э́том кла́ссе Наде́жда Бори́совна и учи́ла их рисова́ть. Получа́лось не о́чень, хотя́ Макс стара́лся. Ведь э́та учи́тельница, в отли́чие от Светла́ны Филимо́новны, была́ совсе́м молодо́й и тако́й краси́вой — почти́ как Ли́ля! И всем хоте́лось рисова́ть её саму́, а не вся́кие *натюрмо́рты*.

То́лько рисова́ть себя́ Наде́жда Бори́совна им не разреша́ла. Наве́рное, потому́, что у всех получи́лись бы кики́моры*, а не краса́вицы, а кому́ хо́чется име́ть тако́й портре́т? Вот е́сли бы её, наприме́р, Ре́пин* нарисова́л! Или Ши́шкин*.

«Хотя́ нет, — вспо́мнил Макс, — Ши́шкин же то́лько *со́сны* рисова́л. А на́ша Наде́жда Бори́совна — не сосна́».

Сейча́с её на ме́сте не оказа́лось. И вообще́ из кабине́та не́ было слы́шно каки́х-либо зву́ков. Но на вся́кий слу́чай Макс всё же подошёл к откры́той две́ри на цы́почках и осторо́жно загляну́л в класс. Внутри́ никого́ не́ бы́ло. Почему́ тогда́ учи́тельница не закры́ла кабине́т?

Но удиви́ться э́тому как сле́дует Макс не успе́л.

— Да он то́чно сюда́ пошёл!

Я́шкин го́лос донёсся сни́зу, взлете́л по ле́стнице, толкну́л Ма́кса в спи́ну. И он *ввали́лся* в пусто́й класс, да́же не испуга́вшись того́, что де́лает. Здесь действи́тельно никого́ не оказа́лось — он за секу́нду обвёл взгля́дом кабине́т и осторо́жно закры́л дверь, бесшу́мно поверну́в кру́глую рукоя́тку замка́.

И тут же услы́шал *то́пот*: с Я́шкой Кравчуко́м был ещё кто́-то, они́ бежа́ли по коридо́ру, пыта́ясь найти́ его́, Ма́кса. Он за́мер, бо́льше всего́ боя́сь зака́шлять и́ли чихну́ть, ведь их разделя́ла то́лько то́нкая дверь. А у него́ всегда́ начина́ло *щекота́ть* в носу́, когда́ ну́жно бы́ло *притаи́ться*... И се́рдце стуча́ло сли́шком гро́мко!

— Нет тут никого́, — кри́кнул Воло́дька Карма́нов. — Ма́мочка вниз побежа́ла, я же говори́л...

— Это я говори́л! — сказа́л Я́шка.

Его го́лос прозвуча́л совсе́м бли́зко. Если бы они́ с Ма́ксом могли́ ви́деть сквозь сте́ны и две́ри, то наверняка́ встре́тились бы взгля́дами. Или Яшка был спосо́бен на э́то?! Вот почему́ он *рвану́л* на себя́ и́менно ту дверь, за кото́рой *пря́тался* Макс?

Вски́нув ру́ки, ма́льчик в *па́нике* прикры́л го́лову и *зажму́рился*. Но замо́к вы́держал… Дверь не откры́лась. Макс задыша́л ча́сто и сел пря́мо на пол. Привали́вшись спино́й к стене́, он смотре́л пря́мо пе́ред собо́й — в противополо́жный коне́ц кабине́та, где стоя́ли *стеллажи́* с *ги́псовыми* голова́ми, ба́нки с *кистя́ми* и ещё мно́го всего́ интере́сного.

Но ничего́ э́того он сейча́с не ви́дел: пе́ред его́ глаза́ми бе́гали чёрные му́шки. И вдруг одна́ из них ста́ла расти́, расти́ и преврати́лась в настоя́щую *му́ху*, кото́рая ползла́ по́ полу к ле́вой ноге́ Ма́кса. А ей навстре́чу из-под шка́фа вы́бежал… *тарака́н*! Очень то́лстый, но *шу́стрый*. Вот бе́гает же и не помира́ет!

Макс бы́стро подтяну́л но́ги, что́бы тарака́н под штани́ну не забежа́л. Отку́да он вообще́ появи́лся? Никогда́ в их шко́ле не́ было таки́х насеко́мых…

И тут его *осенило*: у мухи с тараканом здесь встреча! Они оба — агенты, засланные в их школу. Шпионы из другого мира. Только притворяются знакомыми насекомыми, а сами, наверное, зелёные человечки! Или вообще какие-нибудь серо-буро-малиновые*...

— А я для чего? — сказал Макс. — Я вам все ваши *коварные* планы сейчас сорву.

Он осторожно сунул руку в карман. Но ни пистолета, ни револьвера там не оказалось. Зато нашёлся *фантик* от «Коровки»*! Макс даже почувствовал во рту её сладкий, молочный привкус. Но медлить было нельзя, и он быстро *скомкал* фантик, который в умелых руках мог превратиться в страшное оружие.

Стараясь двигаться очень плавно, чтобы не спугнуть шпионов, Макс вытащил бумажный комок и осторожно положил его на сжатый кулак. *Прицелился* и со всей силы *щёлкнул* по фантику указательным пальцем.

Снаряд взорвался перед усом таракана, который со всех ног* побежал под учительский стол. Или со всех лапок... Сколько их у него? А муха в панике полетела к окну, ударилась о стекло и *отчаянно* зажужжала.

— Ага́! — обра́довался Макс и вскочи́л. — Не удало́сь сговори́ться? Вот так вам!

Ло́вкий и лёгкий, как *ни́ндзя**, он вски́нул но́гу, пыта́ясь доби́ть врага́, ползу́щего по ра́ме окна́. Уда́р до́лжен быть то́чный, что́бы не вы́бить стекло́. Уда́рить, как *ужа́лить*... Р-раз! И нет врага́.

И *бое́ц* Макс уже́ гото́в был э́то сде́лать, как вдруг уви́дел тако́е, отчего́ его́ те́ло нали́ло́сь *чугу́нной* тя́жестью. Пря́мо на кры́шке пе́рвой па́рты красне́ло *чудо́вищное* пятно́!

— Кровь?!

Засты́в, Макс смотре́л на мо́крый след *преступле́ния*, и ви́дел, как проявля́ется мальчи́шка, приме́рно его́ во́зраста, безво́льно све́сившийся с па́рты. В его́ груди́ торча́л кинжа́л...

Куда́ де́ли труп? И кто вообще́ заколо́л его́? Неуже́ли Наде́жда Бори́совна?!

Ему́ тут же предста́вились *пуши́стые* све́тлые во́лосы их учи́тельницы, кото́рые его́ па́па по́сле роди́тельского собра́ния почему́-то назва́л ни́мбом. А ма́ма слегка́ оби́делась на него́... За что — Макс так и не по́нял. А пото́м прочита́л, что нимб — э́то тако́е *сия́ние* вокру́г головы́ святы́х люде́й*.

Вот так святая! Убила кого-то в школе... Не зря мама говорила, что внешность обманчива.

— Мамочка, — прошептал Макс, даже не вспомнив, что это же то самое *прозвище*, которое он терпеть не может.

Попятившись к двери, мальчик *наощупь* нашёл замок. Оторвать взгляд от кровавого пятна он не мог.

Когда дверь открылась, Макс выскочил в коридор и бросился к лестнице, забыв и об инопланетных агентах, и о Яшке с Володькой, разыскивающих его по школе.

Если бы он видел себя сейчас, то сгорел бы со стыда*: рот его был перекошен от ужаса, по пухлым щекам текли слёзы. Но зеркало в школе висело только на первом этаже, а Макс добежал до второго и с лестницы увидел небольшую дверь с табличкой: «Актовый зал*. Запасной выход». Его сознание выхватило лишь слово «выход», а именно его Макс и искал. Он бросился к этой спасительной двери, за которой можно было спрятаться от всего самого страшного на свете. Ведь это же выход!

С разбегу толкнув дверь, Макс влетел в тёплый *полумрак* и, наконец, остановился.

Давно́ ему́ не приходи́лось бе́гать так мно́го, как в э́тот день. Стра́нный день... Стра́шный...

Но здесь, за *кули́сами* сце́ны а́ктового за́ла, стра́шно не́ было. В во́здухе кружи́лись золоти́стые пыли́нки, как в му́льтиках, когда́ волше́бница взмахнёт свое́й па́лочкой. Вокру́г висе́ли блестя́щие костю́мы, а на по́лках стеллажа́ лежа́ли шля́пы ра́зных фасо́нов и разме́ров... Нашла́сь да́же ковбо́йская*, кото́рую Макс тут же наде́л на го́лову.

Здесь и своё зе́ркало бы́ло — большо́е, ова́льное в краси́вой ра́ме. Скриви́в рот, Макс презри́тельно сказа́л отраже́нию:

— Что, *трус*? Дай мне то́лько по́вод, Гря́зный Га́рри*, и я пристрелю́ тебя́, как *шака́ла*!

Но э́ти слова́ напо́мнили ему́ о том ужа́сном пятне́ кро́ви, кото́рое оста́лось наверху́, и Макс шу́мно вы́дохнул от стра́ха. Сняв шля́пу, он верну́л её на по́лку, и вдруг заме́тил на са́мом верху́ зага́дочное бе́лое свече́ние. Каза́лось, оно́ исхо́дит от театра́льной ма́ски, лежа́щей на шкафу́...

«Чего́ э́то она́ све́тится?» — он *прищу́рился*, но сни́зу ничего́ не смог разгляде́ть. Подтащив старый стул, Макс влез на него и дотянулся до маски. Повертел её в руках: ничего особенного. Это снизу ему что-то показалось, наверное, солнечный луч попал.

Макс посмотрел через плечо на окно — солнца больше не было. Всё небо мгновенно затянули серые тучи. А ведь только что пылинки танцевали в тёплых лучах... Как же всё быстро меняется в этом мире!

Снова осмотрев маску, мальчик спрыгнул со стула и подошёл к зеркалу.

— И на кого я буду похож?

Ухмыльнувшись, он приложил маску к лицу и...

— А-а! — закричал Макс. — Куда я исчез?!

Его пальцы сами разжались, и маска упала на пол. А отражение опять проступило. Испуганные глаза... Чёрные волосы торчали в разные стороны... Конечно, это он — Макс. Но как же... Он ведь только что исчез! Совсем.

Мальчик быстро ощупал себя: руки на месте, ноги на месте... Даже живот никуда не делся. А вот с ним Макс расстался бы без сожаления! Но это какое-то не то волшебство...

Ма́ска ти́хо лежа́ла у его́ ног. Тяжело́ дыша́, Макси́м смотре́л на неё, а мы́сли так и *пу́тались* в его́ голове́. Что де́лать? Бежа́ть? *Растопта́ть* её? Рассказа́ть... Кому́?

— Ти́хо-ти́хо, — прошепта́л Макс.

Так пригова́ривала ба́бушка, успока́ивая его́, когда́ он прибега́л домо́й в слеза́х. Ника́к ему́ не удава́лось смири́ться с тем, что его́ *дра́знят* и в шко́ле, и во дворе́... Быть вы́ше э́того, как сове́товал де́душка. А ба́бушка ничего́ не сове́товала... В таки́е мину́ты она́ прижима́ла вну́ка к себе́ и гла́дила по волоса́м.

Сейча́с обня́ть Ма́кса бы́ло не́кому. Ме́дленно присе́в во́зле ма́ски, он не́рвно облизну́л пересо́хшие гу́бы и с опа́ской протяну́л ру́ку. Пото́м отдёрнул, не косну́вшись. И опя́ть потяну́лся к бе́лому свече́нию...

— Она́ волше́бная, э́то я́сно, — продолжа́л шепта́ть Макс, наде́ясь успоко́иться от зву́ков своего́ го́лоса. — Но отку́да она́ здесь? Почему́ валя́лась на шкафу́? И никто́ её не нашёл до сих пор? Или она́ появи́лась то́лько что? Э́ту ма́ску подки́нули специа́льно для меня́? Не-е... Тако́го не мо́жет быть! А что́бы моё отраже́ние исче́зло — тако́е мо́жет быть?!

Тронуть её мальчик всё ещё не решался, но почувствовал, что ему действительно стало спокойней. Хотя бы из ума не выжил*, это уже хорошо... Ведь не выжил, если может рассуждать?

«А действовать я могу?» — эта мысль испугала Макса, и он быстро поднялся.

Ни за что! Ни за что он больше не притронется к этой *жуткой* маске! Вдруг она заставит его исчезнуть совсем? Или... Он просто будет невидимкой, пока на нём маска?

Неожиданно его осенило: «Стать невидимкой — это же так круто*!»

И сердце снова сильно застучало, только уже не от страха, а от ожидания радости. Неужели такое бывает не только в сказках?! Кто там становился совершенно невидимым?

От волнения Макс даже вспомнить не смог, хотя читал же! Они с бабушкой много книг перечитали... Им нравились *невероятные* истории: раньше она читала ему вслух, теперь чаще Макс ей — у бабушки стали болеть глаза.

«А если маска меня уничтожит, что с бабушкой будет?» — он ужаснулся от этой мысли. У мамы с папой, кроме него, была ещё интересная работа, у дедушки — большие стройки, а у бабушки был только он, Макс. И она любила его всем сердцем...

— Ничего со мной не случится, — прошептал он и снова подобрался к маске поближе. — Раз я уже выжил, значит, не умру... И с бабушкой всё будет хорошо. Может, я даже чем-нибудь ей помогу, если иногда буду становиться невидимкой. Не всё время, конечно!

И Макс решительно протянул руку...

***

Маска не была ни холодной, ни тёплой. Но точно была твёрдой, не резиновой, хотя Макс не был уверен и в том, что она сделана из обычной пластмассы. Да в чём вообще можно быть уверенным, если имеешь дело с волшебством?!

Сидя прямо на полу, Макс вертел её в руках, не решаясь снова примерить, как вдруг услышал голоса девчонок. Подпрыгнув, как мячик, он *заметался* по маленькой гардеробной. Если сюда сейчас зайдут, то ещё подумают, что Макс ворует здесь... Или ещё чего-нибудь похуже... Например, подглядывает за девчонками!

Мальчик нырнул за *поблёскивающий* ряд костюмов, висевших на длинной *штанге*. Здесь пахло пылью и чём-то сладким, но Максу было не до разгадывания запахов. Он еле успел: в гардеробную уже кто-то входил...

Зажмурившись, Максим затаил дыхание, но любопытство заставило его открыть глаза. И он чуть не вскрикнул: прямо напротив него стояла... Лиля! И выбирала костюм...

— А где мой? — громко спросила она. — Мама хотела его постирать.

— Должен быть на месте, ищи лучше, — послышался издалека голос руководительницы драмкружка* Инессы Васильевны.

Девочка сказала:

— Я ищу...

И стала передвигать вешалки.

Макс был в шаге от неё...

Но Лиля его не замечала.

На нём же была маска!

«Я — невидимка!» — ему хотелось кричать об этом, но испугать девочку с глазами цвета свежих листьев Макс не мог. И стоял, замерев, ведь не был уверен, что Лиля и *прикоснове́ния* не ощути́т, е́сли коснётся его́. Мо́жет, сейча́с Ма́кса то́лько уви́деть нельзя́, а почу́вствовать мо́жно!

Ли́лины ру́ки за́мерли и сня́ли со шта́нги пла́тье, упако́ванное в прозра́чный *чехо́л*.

— Вот оно́…

Взяв наря́д, де́вочка убежа́ла на сце́ну, а у Ма́кса *обмя́кли* но́ги. Ну́жно бы́ло сро́чно присе́сть, е́сли он не хоте́л ру́хнуть на́ пол и перепуга́ть не то́лько Ли́лю, но и всех остальны́х. Что у них там? Репети́ция? *Гро́хот* же они́ услы́шат.

Стара́ясь не то́пать, он пошёл за Ли́лей. С ка́ждым ша́гом Макс чу́вствовал себя́ всё увере́ннее: е́сли она́ не уви́дела его́, зна́чит, никто́ не смо́жет разгляде́ть…

«Вот здо́рово-то!» — он улыба́лся под ма́ской. А мог и язы́к показа́ть, да что уго́дно мог сде́лать! То́лько заче́м? Како́й смысл *кривля́ться* пе́ред сами́м собо́й? Хотя́ Яшка то́чно сде́лал бы что́-то подо́бное… Но Макс же не Яшка!

На сце́не Ли́ля уже́ танцева́ла под незнако́мую Ма́ксу не́жную му́зыку. Таку́ю краси́вую, что у него́ да́же защипа́ло в носу́. Сейча́с на Ли́ле была́ обы́чная спорти́вная форма, но он вдруг увидел маленькую фею* в зелёном платьице.

Остальные девочки сидели у сцены полукругом и также внимательно следили за танцем Лили. А Макс замер возле кулис... По сцене *порхало* неземное существо. Остального мира больше не существовало, только эта сцена, только эта девочка...

Внезапно волшебство разрушилось от резкого окрика:

— Легче! Что ты топаешь, как слон?

Зеленоватые *осколки* чуда *осыпались* у ног Макса.

«Слон?! — едва не вырвалось у него. — Да она же легче пёрышка!»

Забыв об осторожности, мальчик сбежал в зрительный зал, где на пятом ряду сидела Инесса Васильевна, и направился к ней. Правда, ещё не решил, как *накажет* её... Что вообще можно сделать? Она же взрослый человек... А им почему-то можно *обзывать* детей, как захочется...

Несколько мгновений Макс стоял возле руководительницы кружка, не замечавшей его, потом наклонился и прошептал ей в самое ухо:

— Эта девочка прекрасна! Не смейте её унижать. Бог накажет!

Последнюю фразу обычно говорила бабушка, но сейчас она была кстати.

Подскочив, Инесса Васильевна завертела головой, и глаза её почернели от ужаса, а подбородок затрясся. Никого, кроме неё, в зрительном зале не было... Но ведь она же хорошо слышала голос!

Руководительница кружка пробежала по проходу, проверяя — не спрятался ли злоумышленник между рядами кресел? Максу пришлось отскочить, чтобы она случайно не толкнула его... В том, что никого Инесса Васильевна не найдёт, он был уверен. Теперь можно было и язык показать!

За Лилю он больше не беспокоился. Уж теперь их руководительница точно будет прикусывать язык* всякий раз, когда ей захочется обозвать кого-то из девочек. Правда, загадочный голос говорил только об одной... Но лучше не *рисковать*. Кому хочется, чтобы Бог наказал?!

Чуть подпрыгивая на ходу от радости, Макс покинул актовый зал. В душе у него всё так и пело от того, что он услышал от Инессы Васильевны:

— Лилечка, ты извини... Пожалуйста, продолжай.

Но было ещё кое-что, не дававшее Максу покоя...

Кровавое пятно.

***

Уроки уже кончились, но Яшка с Володей продолжали искать толстого Макса. Не мог же тот уйти домой без ранца! Светлана Филимоновна сказала, что будет в кабинете ещё часа два, и если за это время Макаров не вернётся, пусть пеняет на себя*...

— Что значит: «Пеняет на себя»? — спросил Яшка, когда они в сотый раз поднялись на четвёртый этаж.

Володька сердито буркнул:

— А я откуда знаю? Вечно она придумывает какие-то непонятные выражения!

И вдруг в пустом коридоре раздался пугающий *вой*:

— Деби-илы-ы*!

Испугавшись, мальчишки прижались друг к другу. Потом встретились глазами.

— Чего ты? — прошептал Володька.

— Ты... Ты слышал?! Ты же тоже это слышал?

— Что? — Карманов расправил плечи. — Ничего я не слышал.

— А чего тогда испугался?
— Я?! Это ты на мне повис.
— Очень надо!

И Кравчук уже повернулся, чтобы уйти, но тут по коридору вновь раздалось:

— Деби-илы-ы!
— А-а! — закричал Яшка и закружился на месте. — Скажешь, и сейчас не слышал?

Но Володька больше не спорил. Физиономия у него стала, как после тяжёлой болезни — бледная и вытянутая.

— Слы-слышал...

Яшка продолжал вертеться:

— Кто это? А? Никого же нет!

И вдруг его осенило:

— Это он! Мамочка. Спрятался в каком-нибудь классе и *орёт*...

— Сейчас я его, — *прошипел* Карманов.

Сжав кулаки, он бросился к ближайшей двери и неожиданно упал. Даже проехался на животе! Но быстро вскочил и бросился к Яшке:

— Ты чего, гад*?!

Яшка испуганно попятился — он был на голову меньше Карманова и заметно уже в плечах:

— Чего? Я ничего...

— Мы же вме́сте! А ты — *подно́жку*?
— Да не ста́вил я!
— А кто? При́зрак*?

Яшка а́хнул:

— То́чно. Здесь при́зрак... Это он... выл...

У Воло́дьки сно́ва вы́тянулось лицо́. Тепе́рь уже́ он заверте́лся на ме́сте, то́лько как уви́деть при́зрак?!

— Бежи́м! — ти́хо сказа́л Яшка и пе́рвым побежа́л к ле́стнице.

На э́тот раз *спо́рить* Воло́дька не стал. Че́рез па́ру секу́нд в коридо́ре опя́ть ста́ло пу́сто... То́лько слы́шалось *стра́нное хихи́канье*.

Снять ма́ску Макс не успе́л: из да́льнего кабине́та вы́шли учителя́ — Наде́жда Бори́совна и како́й-то незнако́мый мужчи́на, кото́рый в их четвёртом кла́ссе ничего́ не преподава́л. У него́ перехвати́ло дыха́ние*: э́ти дво́е напра́вились пря́мо к нему́.

«А вдруг действи́тельно они́ и есть уби́йцы? — ужасну́лся ма́льчик. — Банди́ты же мо́гут под кого́ уго́дно *маскирова́ться*! Да́же под краса́вицу...»

Бы́ло жаль, коне́чно, что Наде́жда Бори́совна оказа́лась престу́пницей, но

Макс не собирался её оправдывать и защищать. Да у неё ещё и *сообщник* имеется! И через несколько шагов они доберутся до него, Макса...

Ему захотелось броситься следом за одноклассниками. Пусть Яшка с Володькой и жутко противные, но хоть не бандиты! По крайней мере, пока... А эти двое — уже стали ими, если пролилась кровь. Он своими глазами всё видел!

Когда учителя поравнялись с ним и прошли мимо, болтая, как ни в чём не бывало, Макса прямо затошнило от страха.

— Нет, я в июле была на Алтае*, а в августе...

Макс даже головой замотал: «Не слушать! Они только *притворяются* обычными людьми...»

Но тут вспомнил, что на нём маска — нельзя трясти головой, а то слетит ещё... Потрогал её обеими руками: всё на месте. Да и учителя-убийцы не обратили на него внимания, значит, он по-прежнему невидим. Невозможно понять, как такое *чудо* происходит.

Но думать об этом сейчас было некогда. Ошибки не произошло: учителя зашли в тот самый кабинет, где было кровавое пятно. И даже дверь за собой не закрыли — вот это самоуверенность!

Надо было просто шагнуть через порог, но Макс никак не мог себя заставить. А вдруг *труп* тоже там? Спрятан где-нибудь в шкафу. И сейчас эти двое его вытащат... Удержится он, чтобы не заорать во всё горло*?

«Я должен. Надо *выследить* их. *Разоблачить*!» — Макс засопел от решимости и заставил себя войти в класс.

Его качнуло, когда в руках незнакомого учителя он увидел тряпку, *перепачканную кровью*. Пятна на крышке парты больше не было — преступники уничтожали *улики*. Как помешать им?!

— Придётся от него *избавиться*, — негромко произнёс учитель.

Надежда Борисовна кивнула:

— Конечно. Хотя мне всё-таки жаль его...

«Жаль ей! — *возмутился* Макс. — Было бы жаль, ударила бы этого типа стулом по голове и вызвала полицию. А я смогу это сделать?»

Он посмотрел на большое офисное кресло на колёсиках, стоящее возле учительского стола́. Да тако́е ещё и не подни́мешь! А пока́ Макс бу́дет *напряга́ться*, э́ти дво́е уже́ убегу́т: его́-то они́ не ви́дят, но кре́сло, поднима́ющееся кве́рху, заме́тят сра́зу!

— На́до *спеши́ть*, — сказа́ла Наде́жда Бори́совна, — е́сли ты хо́чешь поко́нчить с э́тим сего́дня.

И вдруг дви́нулась пря́мо к Ма́ксу, прижа́вшемуся к две́рце шка́фа. Ещё не́сколько шаго́в, и её рука́ *вопьётся* ему́ в го́рло!

Отпры́гнув, ма́льчик бро́сился бежа́ть и слете́л с четвёртого этажа́ за каку́ю-то мину́ту. Ступе́ни са́ми *несли́сь* ему́ навстре́чу, остава́лось то́лько перебира́ть нога́ми. Никогда́ ещё Макс не дви́гался так бы́стро...

Минова́в второ́й эта́ж, он пронёсся ми́мо Светла́ны Филимо́новны, и та испу́ганно *прижа́лась* к стене́, едва́ не сби́тая с ног* ре́зким *поры́вом* во́здуха.

— Что э́то бы́ло? — прошепта́ла она́, но Макси́м уже́ не услы́шал э́того.

И не узна́л, что те же слова́ произнесла́ и Наде́жда Бори́совна, ми́мо кото́рой он проскочи́л к вы́ходу из кла́сса... Она́ испу́ганно оберну́лась к колле́ге:

37

— У меня слуховые галлюцинации? Или ты тоже это слышал?

Тот не знал, что сказать в ответ...

**

В школьном дворе Макс пришёл в себя*. Солнце уже победило тучи и вернуло себе место для прогулки по небу. И это очень обрадовало голубей.

Если не считать воркования этих городских птиц, здесь было непривычно тихо — школьники уже разошлись по домам. Не снимая маски, ведь убийцы могли появиться в любой момент, мальчик сел на ступеньки и попытался отдышаться. Перед глазами прыгали разноцветные пятна, и кровавых среди них было больше всего...

А напротив школьного *крыльца*, в ветвях *каштанов* тоненько пела птица, которую Макс никак не мог разглядеть. Радуется, бедная, хорошей погоде, и не подозревает о том, как страшен мир!

Вдруг за его спиной скрипнула дверь. Так и подпрыгнув на ступеньке, Макс быстро обернулся: опять эти двое! Надежда Борисовна придерживала дверь, а её сообщник вытаскивал тяжёлый чёрный пакет.

«В таком обычно мусор выносят, — вспомнил Макс. — А они… Для них люди — мусор!»

Кулаки сжались сами собой: нет уж, он не отступит. Выследит их до конца. А потом сообщит в полицию — там-то уж точно знают, как поступать в таких случаях. *Примчатся* с автоматами, наденут наручники, посадят в машину… И всё! Снова можно будет жить спокойно, и никого не бояться. Вот ещё от Володьки с Яшкой избавиться бы…

Неожиданно у него в кармане зажужжал телефон!

Оба преступника разом обернулись на звук, и рты их одинаково приоткрылись. В другое время, может, это и рассмешило бы Макса, только не сейчас, ведь казалось, что убийцы смотрят прямо на него. Правда, лица у них были удивлёнными, значит, они всё ещё не видели Макса.

«Хорошо, что нас в школе звук заставляют выключать! — впервые обрадовался мальчик. — Мало ли, где какой жук поёт…»

И оказался прав — выяснять, откуда доносится жужжание, учителя не стали. Потащи́ли свой стра́шный мешо́к к... Макс ужасну́лся: «Неуже́ли пра́вда к му́сорным ба́кам?! Вот так про́сто вы́бросят челове́ка? Не закопа́ют да́же?»

Вскочи́в, ма́льчик пошёл за ни́ми. На ходу́ вы́тащил из карма́на телефо́н, посмотре́л на диспле́й: звони́ла ба́бушка. Ну коне́чно, уро́ки ведь уже́ зако́нчились, а Макс до сих пор не верну́лся домо́й. Зна́ла бы она́, каки́м ва́жным де́лом он за́нят! Настоя́щим *рассле́дованием* настоя́щего преступле́ния.

Включи́в видеоза́пись, Макси́м вы́тянул ру́ку пе́ред собо́й, что́бы микрофо́н улови́л перегово́ры престу́пников. Учи́тель уже́ тащи́л мешо́к оди́н:

— Да он не тяжёлый!

«Кто — он? Скажи́! Произнеси́ э́то вслух!» — *умоля́л* Макс, но его́ мы́слей э́ти дво́е не услы́шали. И бы́ли сли́шком осторо́жны... *Кова́рные!*

— Вот так, — сказа́л уби́йца, перевали́в паке́т в большо́й зелёный бак. — Де́ло сде́лано.

И с улы́бкой *отряхну́л* ру́ки.

«Чудо́вище! — с *не́навистью* поду́мал Макс. — Ну ничего́! Ско́ро ты переста́нешь улыба́ться...»

Выключив телефон, мальчик проводил взглядом учителей, вернувшихся в школу. Шли себе, как ни в чём не бывало, разговаривали... Вот умеют же притворяться! Волосы Надежды Борисовны золотились на солнце, только теперь Макс не собирался ими любоваться. Хитрая лиса Алиса* тоже была симпатичной...

Нужно было разоблачить сообщников как можно быстрее, пока они не добрались до кого-то ещё... Как там бабушка говорила? «Аппетит приходит во время еды». Это значит: если тебе что-то понравилось, ты хочешь этого снова и снова. А вдруг этим двоим понравилось убивать?! Они же думают, будто замели все следы*...

Макс уже даже притоптывал от нетерпения, пока они шли к крыльцу: скорее, скорее! Ему хотелось поскорее забраться в мусорный бак и вскрыть пакет. Пусть он умрёт от страха, но всё же заставит себя это сделать. Иначе в полиции могут не поверить, что он стал свидетелем убийства...

Как только дверь школы закрылась, мальчик попытался подтянуться на краю бака, но у него ничего не получилось.

— Худе́ть на́до, — сказа́л Макс, ного́й подта́скивая деревя́нный я́щик.

Забра́вшись на я́щик, он *навали́лся* живото́м на край ба́ка и перевали́лся че́рез него́.

Фу! Хорошо́ ещё здесь не́ было пищевы́х отхо́дов, то́лько пусты́е коро́бки, обёрточная бума́га, ста́рые газе́ты и про́чая *ерунда́*. Поэ́тому ниче́м проти́вным осо́бенно и не па́хло...

Пригото́вив ка́меру, Макси́м одно́й руко́й попыта́лся порва́ть кре́пко завя́занный паке́т, но ничего́ не получи́лось. Тогда́ реши́л чуть-чу́ть надорва́ть его́ обе́ими рука́ми, а уж пото́м включи́ть ка́меру. Так он и сде́лал, но уже́ по́сле того́, как ему́ в го́лову полете́л му́сорный паке́т поме́ньше: проезжа́ющий на велосипе́де мальчи́шка бро́сил его́ в бак, да́же не притормози́в.

— Попа́л, — *проворча́л* Макс, вы́сунувшись из ба́ка.

Глубоко́ вдохну́в, что́бы успоко́иться, он схвати́лся за *ско́льзкий* бок паке́та, кото́рый собира́лся вскрыть, изо все́х сил рвану́л в ра́зные сто́роны и... а́хнул. Из ма́ленькой ды́рочки вы́текла кровь... Все его́ па́льцы тепе́рь бы́ли тёмно-кра́сными, как у настоя́щего уби́йцы.

Макс в у́жасе зажму́рился: «А вдруг меня́ *заподо́зрят*?! Поса́дят в тюрьму́?» Ему́ ста́ло да́же бо́льно дыша́ть. Что ска́жет ма́ма? Как посмо́трит на него́ па́па? Ба́бушка ему́ всё прости́т, коне́чно, а вот пове́рит ли? А дед? А Ли́ля?!

Мысль об э́той де́вочке заста́вила его́ откры́ть глаза́. И тут Макс заме́тил, что из ды́рочки в паке́те показа́лся о́стрый уголо́к. Како́й уголо́к мо́жет быть у челове́ка?! Да́же мёртвого...

О видеосъёмке Макс совсе́м забы́л. И ру́ки его́ уже́ почти́ не трясли́сь, когда́ он реши́тельно разрыва́л паке́т. Одно́ движе́ние и злове́щая та́йна раскры́та!

— Ох...

Макс так и сел от удивле́ния на дно ба́ка. Из разо́рванного мешка́ показа́лся... при́нтер! Стоя́вший в кабине́те рисова́ния ста́рый при́нтер, из кото́рого ве́чно текла́ кра́ска. Осо́бенно ча́сто — кра́сная...

— Так э́то не кровь была́?! — сказа́л ма́льчик *разочаро́ванно*.

Но тут же поду́мал: ра́доваться же на́до, что э́то всего́ лишь кра́ска! Зна́чит, никто́ не стал *жертвой* убийцы. И нет никакого трупа с кинжалом в спине. А их замечательная Надежда Борисовна совсем даже не убийца, а просто красавица! Вот же здорово!

Забыв, что сидит в мусорном баке, Макс снял маску, под которой кожа стала уже совсем мокрой. И широко улыбнулся… Всё хорошо. Всё просто замечательно!

— Макаров, ты что здесь делаешь?!

Выпустив маску из скользких пальцев, Макс вскочил и увидел Светлану Филимоновну, глаза которой стали совсем круглыми. Она быстро моргала, как будто *пыталась* прогнать ужасное видение, но толстый мальчик, стоявший в мусорном баке, не *исчезал*.

— Я… Я… — Макс даже заикаться начал от ужаса.

И вдруг сообразил:

— Я помогал Надежде Борисовне старый принтер выбросить. И нечаянно свалился сюда…

— Горе луковое*, — проворчала учительница, поморщилась, но всё же протянула ему руку. — Вылезай…

Когда он оказался на земле, Светлана Филимоновна сама *отряхнула* его форму, к кото́рой прили́пли ра́зные фа́нтики и *стру́жка*. Пото́м двумя́ па́льцами извлекла́ из су́мки па́чку вла́жных салфе́ток и заста́вила Ма́кса хороше́нько протере́ть ру́ки и лицо́. И сама́, вы́кинув ма́ленький паке́тик, то́же протёрла ладо́ни.

— Ой, мой ра́нец! — то́лько сейча́с Макс заме́тил, что учи́тельница де́ржит его́ в руке́.

— Пойдём, Мака́ров, провожу́ тебя́ до до́ма, — вздохну́ла она́. — А то ещё куда́-нибудь сва́лишься по доро́ге. На́до Ли́лю попроси́ть за тобо́й пригля́дывать... Вам же по пути́?

— Да! — обра́довался Макс.

— Ты не про́тив?

— Нет-нет! Совсе́м не про́тив!

Его́ се́рдце опя́ть бы́стро-бы́стро застуча́ло, то́лько уже́ не от стра́ха, а от ра́дости. Возвраща́ться из шко́лы вме́сте с Ли́лей — да он об э́том и мечта́ть не смел!

Макс посмотре́л на учи́тельницу, кото́рая шага́ла ря́дом, улыба́ясь свои́м *та́йным мы́слям*. Вот на́до же, ока́зывается, не така́я уж Светла́на Филимо́новна и зла́я! А мо́жет быть, да́же до́брая, е́сли приду́мала тако́е... То́лько почему́-то не пока́зывает, кака́я она́ на са́мом де́ле. Наве́рное, про́сто *стесня́ется*, как Ли́ля, кото́рая сочу́вствует ему́ то́лько взгля́дом. Ма́ленькая зеленогла́зая фе́я... А вдруг э́то она́ принесла́ ма́ску из свое́й волше́бной страны́?!

Макси́м уже́ поднима́лся в подъе́зде по ле́стнице, когда́ вспо́мнил о ма́ске. И о том, что она́ так и оста́лась в му́сорном ба́ке! Но сно́ва возвраща́ться к шко́ле совсе́м не хоте́лось. Да и ну́жно ли выта́скивать её и оживля́ть волшебство́?

«Я поду́маю, — мы́сленно пообеща́л Макс ма́ске. — Мо́жет, ты мне всё же ещё *пригоди́шься*...»

2019

Комментарий
Лавряшина Юлия

Ке́мерово — го́род на ю́ге За́падной Сиби́ри Росси́и.

Каве́рин Вениами́н Алекса́ндрович (1902—1989) — ру́сский писа́тель, драмату́рг и сценари́ст.

Бруште́йн Алекса́ндра Я́ковлевна (1884—1968) — ру́сская писа́тельница и драмату́рг.

Драгу́нский Ви́ктор Ю́зефович (1913—1972) — ру́сский писа́тель, а́втор мно́гих произведе́ний для дете́й.

Крапи́вин Владисла́в Петро́вич (1938—2020) — ру́сский де́тский писа́тель.

Ма́ска Ма́кса

Ло́пнуть со сме́ху *фразеологи́зм* — неудержи́мо смея́ться.

Гра́мота — докуме́нт в награ́ду за успе́хи в како́м-либо де́ле.

Колобо́к — персона́ж одноимённой наро́дной ска́зки в ви́де пшени́чного хле́ба шарообра́зной фо́рмы.

Эшафо́т — помо́ст для соверше́ния сме́ртной ка́зни.

Кики́мора — в наро́дных пове́рьях: злой дух в о́бразе безобра́зной стару́хи.

Ре́пин Илья́ Ефи́мович (1844—1930) — изве́стный ру́сский худо́жник.

Ши́шкин Ива́н Ива́нович (1832—1898) — изве́стный ру́сский худо́жник.

Се́ро-бу́ро-мали́новая — шутли́вое назва́ние окра́ски неопределённого цве́та.

«Коро́вка» — назва́ние конфе́т с мя́гкой начи́нкой.

Со всех ног (побежа́ть) *фразеологи́зм* — о́чень бы́стро.

Ни́ндзя — в средневеко́вой Япо́нии: во́ин, владе́ющий осо́бым ви́дом вое́нного иску́сства маскиро́вки.

Свято́й челове́к — в христиа́нстве и други́х рели́гиях: посвяти́вший свою́ жизнь це́ркви и рели́гии.

Сгоре́ть со стыда́ *фразеологи́зм* — испы́тывать чу́вство си́льного стыда́.

А́ктовый зал — большо́й зал со сце́ной, в кото́ром прово́дятся разли́чные мероприя́тия.

Ковбо́йская шля́па — си́мвол америка́нских ковбо́ев, отлича́ется широ́кими поля́ми, подо́гнутыми по бока́м вверх.

Гря́зный Га́рри — национа́льный америка́нский киногеро́й; полице́йский из одноимённого фильма, который известен своими незаконными методами работы.

Из ума выжить *фразеологизм* — поглупеть, потерять способность мыслить, рассуждать.

Круто *разг.* — высшая оценка чего-либо.

Драмкружок = драматический кружок.

Фея — волшебница.

Прикусить язык *фразеологизм* — молчать, не говорить лишнего.

Пенять на себя *фразеологизм* — обвинять только себя.

Дебил *разг.* — глупый человек.

Гад *разг.* — отвратительный человек.

Призрак = привидение — в народных поверьях: дух воображаемого существа, являющийся людям.

Перехватить дыхание — временная остановка дыхания от волнения.

Алтай — республика в составе Российской Федерации, является частью Западно-Сибирского экономического района.

Заорать во всё горло *фразеологизм* — очень громко закричать.

Сбить с ног *фразеологизм* — повалить, вынудить упасть.

Прийти́ в себя́ *фразеологи́зм* — успоко́иться, переста́ть волнова́ться, боя́ться.

Лиса́ Али́са — персона́ж ска́зки «Золото́й клю́чик, и́ли Приключе́ния Бурати́но» ру́сского писа́теля А.Н. Толсто́го (1883—1945).

Замести́ следы́ *фразеологи́зм* — уничто́жить то, что мо́жет служи́тьули́кой в чём-либо.

Го́ре лу́ковое *фразеологи́зм* — о челове́ке, кото́рый ве́чно попада́ет в каки́е-то глу́пые, бессмы́сленные ситуа́ции.

Задания

Проверьте, как вы поняли текст

Ответьте на вопросы.

1. Почему главного героя прозвали Мама?
2. Что случилось с Максом на уроке?
3. Почему Макс ввалился в пустой класс?
4. Что увидел Макс на крышке первой парты?
5. Что нашёл Макс за кулисами актового зала?
6. Почему Макс решил, что маска волшебная?
7. Что делала Лиля на сцене?
8. Как Макс решил наказать Инессу Васильевну — руководительницу кружка?
9. Как напугал Макс Яшку и Володьку?
10. Почему Макс решил, что Надежда Борисовна и незнакомый мужчина — преступники?
11. Что они положили в мусорный бак?
12. Что было в чёрном мешке?
13. Что сказал Макс Светлане Филимоновне?
14. Что мысленно пообещал Макс маске?

Отметьте предложения, где написана правда → П , а где написана неправда → Н .

1. ☐ Макс Макаров мечтал быть самым умным в классе.
2. ☐ В классе Надежды Борисовны Макс обнаружил зелёное пятно.
3. ☐ Когда Макс приложил маску к лицу, он стал невидимым.
4. ☐ Макс совсем не боялся того, что Яшка и Володька его найдут.

5. ☐ Макс решил, что Надежда Борисовна и незнакомый учитель хотят выбросить труп в мусорный бак.
6. ☐ Светлана Филимоновна хотела попросить Лилю присматривать за Максом.

Найдите в тексте.
1. Описание внешности Лили.
2. Размышления Макса о встрече таракана и мухи в кабинете рисования.
3. Танец Лили на сцене актового зала.
4. Макс в мусорном баке.

Выполните тест.

Выберите правильный вариант ответа к каждому из заданий и отметьте его в рабочей матрице. Проверьте себя по контрольной матрице. (Ответы смотрите в конце книги.)

Образец:

| 1 | А | Б | В |

1. Главного героя прозвали Мама, потому что … .
   (А) он был очень добрым и заботливым
   (Б) потому что его звали Макс Макаров
   (В) потому что он любил играть с девочками
2. Макс был … .
   (А) толстым
   (Б) худым
   (В) очень высоким
3. Когда Макс убежал из класса, он спрятался … .
   (А) в кабинете биологии
   (Б) в кабинете химии
   (В) в кабинете рисования

4. В кабинете Макс увидел муху и таракана и решил, что … .
   (А) они заколдованные принцессы
   (Б) они шпионы из другого мира, засланные в их школу
   (В) они волшебники

5. На крышке первой парты Макс заметил … .
   (А) волшебную маску
   (Б) чёрный пакет
   (В) красное пятно

6. В гардеробной актового зала Макс нашёл … .
   (А) театральную афишу
   (Б) театральный бинокль
   (В) театральную маску

7. Лиля играла … .
   (А) в школьном драмкружке
   (Б) в школьном оркестре
   (В) в школьной рок-группе

8. Инесса Васильевна сказала, что Лиля топает … .
   (А) как носорог
   (Б) как бегемот
   (В) как слон

9. Яшка и Володька решили, что их напугал … .
   (А) оборотень
   (Б) призрак
   (В) вампир

10. Когда Макс увидел рядом с Надеждой Борисовной незнакомого мужчину, он решил, что тот … .
    (А) помогает ей уничтожить улики
    (Б) помогает ей передвинуть мебель
    (В) помогает ей навести порядок в кабинете

11. Когда Макс в маске проскочил мимо Надежды Борисовны, она решила, что … .
    (А) в школе сквозняки
    (Б) у неё слуховые галлюцинации
    (В) ветер усиливается

12. Надежда Борисовна и незнакомый мужчина выбросили в помойку … .
    (А) большую коробку
    (Б) чёрный мешок
    (В) старые тряпки

13. В чёрном мешке лежал … .
    (А) старый принтер
    (Б) старый ноутбук
    (В) старый вентилятор

14. Макс сказал Светлане Филимоновне, что … .
    (А) случайно упал в бак, когда выбрасывал мусор
    (Б) искал в баке свой рюкзак
    (В) помогал Надежде Борисовне выбросить старый принтер

15. Волшебную маску Макс … .
    (А) взял с собой
    (Б) оставил в мусорном баке
    (В) спрятал в гардеробной актового зала

Рабочая матрица

1	А	Б	В
2	А	Б	В
3	А	Б	В
4	А	Б	В
5	А	Б	В

6	А	Б	В
7	А	Б	В
8	А	Б	В
9	А	Б	В
10	А	Б	В
11	А	Б	В
12	А	Б	В
13	А	Б	В
14	А	Б	В
15	А	Б	В

Лексико-грамматические задания

1. Выберите правильный вариант употребления падежной формы, неправильный вариант зачеркните.

Образец: Макс ясно представил, как, задыхаясь, тяжело бежит по **дорожке** / ~~дорожка~~ между берёз.

1. В **живота** / **животе** сразу стало холодно и тоскливо, хотя голодным он не был.

2. И вообще из **кабинета** / **кабинету** не было слышно каких-либо звуков.

3. Он осторожно сунул руку в **карман** / **кармана**.

4. Прямо на **крышке** / **крышки** первой парты краснело чудовищное пятно!

5. В такие минуты она прижимала внука к себе и гладила по **волосами** / **волосам**.

6. Остальные девочки сидели у сцены полукругом и также внимательно следили за **танцем** / **танца** Лили.

7. Ему захотелось броситься следом за **одноклассниками / одноклассникам**.

8. Так и подпрыгнув на **ступеньки / ступеньке**, Макс быстро обернулся.

9. Макс уже даже притопывал от нетерпения, пока они шли к **крыльцу / крыльца**.

10. Выпустив **маска / маску** из скользких пальцев, Макс вскочил и увидел Светлану Филимоновну, глаза которой стали совсем круглыми.

2. Выберите глагол несовершенного или совершенного вида, неправильный вариант зачеркните.

Образец: Внезапно в тишине пустой квартиры **раздался / раздавался** резкий звонок.

1. Но тут же Макс **понимал / понял**, что не так уж это и хорошо.

2. Прямо на крышке первой парты **краснело / покраснело** чудовищное пятно.

3. Сняв шляпу, он вернул её на полку и вдруг **замечал / заметил** на самом верху загадочное белое свечение.

4. Им нравилось **читать / прочитать** невероятные истории вместе: раньше она читала ему вслух, теперь чаще Макс ей — у бабушки стали болеть глаза.

5. На этот раз **спорить / поспорить** Володька не стал.

6. Неожиданно у него в кармане **жужжал / зажужжал** телефон.

7. Макс уже даже **притопывал / притопнул** от нетерпения, пока они шли к крыльцу.

8. И тут Макс **замечал / заметил**, что из дырочки в пакете показался острый уголок.

9. Когда он оказался на земле, Светлана Филимоновна сама **отряхивала / отряхнула** его форму, к которой прилипли разные фантики и стружка.

3. Выберите правильный вариант употребления глаголов движения с приставками и без, неправильный вариант зачеркните.

Образец: А одному совсем не хотелось **выбегать / вбегать** из дома, чтобы трястись по дорожкам парка.

1. И хотелось бы Максу разбежаться, раскинуть руки и **прилететь / взлететь** в эту пронзительную синеву, чтобы увидеть не только их маленький город, а сразу — весь мир!

2. Макс не ответил ни Светлане Филимоновне, ни крику, который вонзился в спину, точно кинжал, он **вышел / вошёл** из класса.

3. А муха в панике **залетела / полетела** к окну, ударилась о стекло и отчаянно зажужжала.

4. Но на всякий случай Макс всё же **подошёл / зашёл** к открытой двери на цыпочках и осторожно заглянул в класс.

5. С разбегу толкнув дверь, Макс **улетел / влетел** в тёплый полумрак и, наконец, остановился.

6. Снова осмотрев маску, мальчик спрыгнул со стула и **подошёл / пришёл** к зеркалу.

7. Руководительница кружка **сбежала / пробежала** по проходу, проверяя — не спрятался ли злоумышленник между рядами кресел?

8. Ошибки не произошло: учителя **зашли / вышли** в тот самый кабинет, где было кровавое пятно.

4. Вспомните правила употребления возвратных глаголов. Выберите правильный вариант, неправильный вариант зачеркните.

Образец: Хотя бабушка, может, и не **отказала** / **отказалась** бы побегать с Максом, только он сам на это ни за что не согласился бы — позор же!

1. Макс заметил, что в боковом кармашке ранца сквозь сетку **просвечивает** / **просвечивается** шоколадный батончик.

2. А Макс на сцену даже не **поднимал** / **поднимался** ни разу.

3. А вот от сочувствия такой девочки он не **отказал** / **отказался** бы.

4. Он поспешно **вытер** / **вытерся** лоб рукавом и постарался больше не смотреть на Лилю.

5. Если бы они с Максом могли видеть сквозь стены и двери, то наверняка **встретили** / **встретились** бы взглядами.

6. Застыв, Макс **смотрел** / **смотрелся** на мокрый след преступления и видел, как проявляется мальчишка, примерно его возраста, безвольно свесившийся с парты.

7. Сидя на полу, Макс **вертел** / **вертелся** её в руках, не решаясь снова примерить, как вдруг услышал голоса девчонок.

8. Было жаль, конечно, что Надежда Борисовна оказалась преступницей, но Макс не собирался её **оправдывать** / **оправдываться** и защищать.

9. Он **посмотрел** / **посмотрелся** на большое офисное кресло на колёсиках, стоящее возле учительского стола.

10. Оба преступника разом обернулись на звук, и рты их одинаково **приоткрыли / приоткрылись**.

5. Выберите правильный вариант употребления союза, неправильный вариант зачеркните.

Образец: А одному ему совсем не хотелось выбегать из дома, ~~что~~ / **чтобы** трястись по дорожкам парка…

1. Макс слышал свои шаги, и от этого ему показалось, **что / чтобы** он внезапно попал в другой мир, где существовала иная, невидимая ему форма жизни.

2. Макс быстро подтянул ноги, **что / чтобы** таракан под штанину не забежал.

3. Стараясь двигаться очень плавно, **что / чтобы** не спугнуть шпионов, Макс вытащил бумажный комок и осторожно положил его на сжатый кулак.

4. Не зря мама говорила, **что / чтобы** внешность обманчива.

5. Никак ему не удавалось смириться с тем, **что / чтобы** его дразнят и в школе, и во дворе…

6. В том, **что / чтобы** никого Инесса Васильевна не найдёт, он был уверен.

7. Светлана Филимоновна сказала, **что / чтобы** будет в кабинете ещё два часа, и если за это время Макаров не вернётся, пусть пеняет на себя.

8. В другое время, может, это и рассмешило бы Макса, только не сейчас, ведь казалось, **что / чтобы** убийцы смотрят прямо на него.

9. Включив видеозапись, Максим вытянул руку перед собой, **что / чтобы** микрофон уловил переговоры преступников.

6. Заполните пропуски в тексте глаголами в подходящей форме. Используйте слова для справок.

В школьном дворе Макс пришёл в себя. Солнце уже ... тучи и вернуло себе место для прогулки по небу. И это очень ... голубей.

Если не считать воркования этих городских птиц, здесь было непривычно тихо — школьники уже ... по домам. Не снимая маски, ведь убийцы могли ... в любой момент, мальчик сел на ступеньки и ... отдышаться. Перед глазами ... разноцветные пятна, и кровавых среди них было больше всего.

Слова для справок: прыгать, обрадовать, попытаться, разойтись, появиться, победить.

7. Подберите синонимы к словам.

Образец: Страшный = пугающий
Орать = ...
Расти = ...
Подскочить = ...
Уничтожить = ...
Рвануть = ...
Неуклюжий = ...
Точный = ...
Чудовищный = ...
Загадочный = ...
Противный = ...

Слова для справок: подпрыгнуть, дёрнуть, увеличиваться, кричать, убить, неприятный, неповоротливый, ужасный, таинственный, меткий.

8. Подберите антонимы к словам.

Образец: Худой ≠ толстый
Узкий ≠ ...

Голодный ≠ ...
Громкий ≠ ...
Пустой ≠ ...
Настоящий ≠ ...
Хихиканье ≠ ...
Радость ≠ ...
Паника ≠ ...
Конец ≠ ...
Жизнь ≠ ...

Слова для справок: сытый, искусственный, полный, тихий, широкий, смерть, спокойствие, начало, горе, плач.

9. Подберите и запишите однокоренные слова.

Образец: Похудеть — худой, худоба
Пробежка — ...
Бесшумно — ...
Спасительный — ...
Почернеть — ...
Кровавый — ...
Ужаснуться — ...

10. Выпишите из рассказа прилагательные, обозначающие цвета. Определите их род, число и падеж.

11. Задайте как можно больше вопросов к предложению.
Остальные девочки сидели у сцены полукругом и также внимательно следили за танцем Лили.

12. Ответьте на вопросы. Кто из героев рассказа это сказал?
1. Прошу к доске, Макаров!
2. Мамочка вниз побежала, я же говорил...
3. Я вам все ваши коварные планы сейчас сорву.

4. Что ты топаешь, как слон?
5. Придётся от него избавиться!
6. У меня слуховые галлюцинации?
7. Я помогал Надежде Борисовне старый принтер выбросить.
8. Пойдём, Макаров, провожу тебя до дома.

13. Соедините части предложения в одно.

1. Папа предлагал летом бегать по утрам,	как вдруг увидел такое, отчего его тело налилось чугунной тяжестью.
2. У его класса здесь проводились уроки рисования,	но сам убегал на работу ещё до того, как Макс просыпался.
3. И боец Макс уже готов был это сделать,	но он вдруг увидел маленькую фею в зелёном платьице.
4. Сейчас на Лиле была обычная спортивная форма,	но Макс не собирался её оправдывать и защищать.
5. Было жаль, конечно, что Надежда Борисовна оказалась преступницей,	но у него ничего не получилось.
6. Как только дверь школы закрылась, мальчик попытался подтянуться на краю бака,	но сегодня этого предмета не было в расписании.

14. Прочитайте план текста и продолжите его. Перескажите рассказ по плану.

1. Макс Макаров давно мечтал похудеть и понравиться однокласснице Лиле.
2. Когда Макс выходил к доске, он наступил на шнурок и упал.
3. Убегая от одноклассников, Макс ввалился в пустой класс.
4. ...
5. ...
6. ...
7. ...

15. Расскажите эту историю от лица Макса Макарова.

16. Давайте обсудим.

1. Почему Макса дразнили в школе?
2. Как вы думаете, каким образом волшебная маска оказалась за кулисами актового зала?
3. Как вам кажется, Макс вернётся за маской? Что он будет с ней делать?

Контрольная матрица

1	А	**Б**	В
2	**А**	Б	В
3	А	Б	**В**
4	А	**Б**	В
5	А	Б	**В**
6	А	Б	**В**
7	**А**	Б	В
8	А	Б	**В**
9	А	**Б**	В
10	**А**	Б	В
11	А	**Б**	В
12	А	**Б**	В
13	**А**	Б	В
14	А	Б	**В**
15	А	**Б**	В